HOTEL DROUOT — SALLE N° 8

Vente du Mercredi 11 Novembre 1903

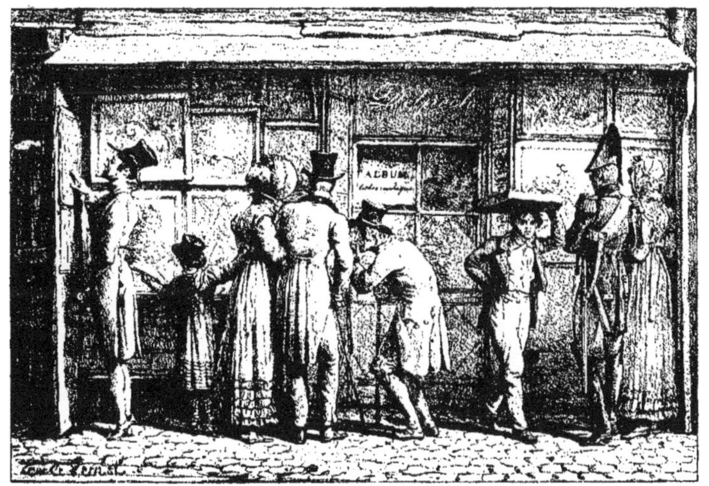

Imprimerie Lithographique de F. Delpech

N° 6 du Catalogue

LITHOGRAPHIES

Mᵉ MAURICE DELESTRE, Commissaire-Priseur

5, rue Saint-Georges

M. Loys DELTEIL, Artiste-Graveur, Expert

22, rue des Bons-Enfants

IMPRIMERIE FRAZIER-SOYE

153, rue Montmartre

PARIS

CATALOGUE

D'UNE

Intéressante Collection

DE

LITHOGRAPHIES

dont la vente aura lieu

à Paris **HOTEL DROUOT**, Salle N° 9

Le Mercredi 11 Novembre 1903, à 2 h. précises

Par le Ministère de Mᵉ MAURICE DELESTRE

COMMISSAIRE-PRISEUR

5, rue Saint-Georges

Assisté de M. LOYS DELTEIL, Artiste-Graveur, Expert

22, rue des Bons-Enfants

CONDITIONS DE LA VENTE

Elle sera faite au comptant.

Les acquéreurs paieront *dix pour cent* en sus des prix d'adjudication.

M. Loys Delteil remplira les commissions que voudront bien lui confier les amateurs ne pouvant y assister; il se réserve, en outre, la faculté de diviser ou de rassembler les lots.

MM. les amateurs pourront visiter la collection, 22, *rue des Bons-Enfants*, les *Lundi 9* et *Mardi 10 Novembre*, de 10 heures à 4 heures.

DÉSIGNATION

Adam (Victor)

1. — Sainte Pélagie. Onze pl. (sur 12). Très belles épreuves, sept *avant la lettre*.
2. — L'Alphabet illustré. Suite complète de vingt-sept pièces y compris les chiffres illustrés. Belles épreuves.
3. — Le Bien et le Mal. Cinquante-sept pièces y compris plusieurs doubles. Belles épreuves.
4. — Passe-Temps — La Foire aux idées — Le Sac aux idées. Cinquante-sept pièces
5. — Macédoines — Petits sujets d'enfants — Sujets divers — Descente de la Courtille — Titres de romances — Croquades — Le Chapitre des Accidents, etc. Quatre-vingt-dix pièces.

Adresses-Affiches

6. — Imprimerie Lithographique de F. Delpech, par C. Vernet — Aubert, éditeur, par C. J. Traviès. Deux pièces. Belles épreuves.
7. — Entreprise Boutard et Cie : Berlines-Poste. Lith. in-fol. Belle épreuve, très rare.

Adrien (C.), Imprimeur

8. — *A la mémoire d'Aloys Senefelder, inventeur de la Lithographie*, curieux placard contenant des specimen de tous les procédés employés par la lithographie. Grand in-fol. Très rare.

Albums

9. — *Petites gredineries Parisiennes*, par A. Grévin
— Peintres de genre contemporains (1re et 2^e
livraisons) — Paris-Noël, 1894-1895.

Alophe, J. David, F. Grenier

10. — Sujets divers — Macédoines — Titres de romances, etc. Soixante-quinze pièces.

Arlowsky

11. — Cavaliers Russes, 1819. Deux pièces in-folio.
Belles épreuves. Rares.

Artiste (L')

12. — Sujets divers et Paysages. Soixante-dix pièces
extraites de l'*Artiste.*

Artistes anciens et modernes (les)

13. — Sujets divers et Paysages. Trente-six pièces par
Français, Baron, Bida, Nanteuil, etc.

Aubry-Lecomte

14. — Etudes de figures, d'après Girodet — Le Jardin,
d'après Fauvelet — La Robe de soie — Marie,
etc. Dix-neuf pièces. Belles épreuves.

Baptiste (Silvestre)

15. — Les Métiers de Paris — Sujets divers. Trente-
huit pièces, y compris plusieurs doubles.

Barye (A. L.)

16. — Lion de Perse. Belle épreuve.

Bellangé (Hippolyte)

17. — Ecole du Soldat. Planches 1 à 14 et pl. 16, soit
quinze pièces.
18. — Scènes militaires — Sujets de genre. Vingt-six
pièces extraites des *Albums.* Belles épreuves.
19. — Sujets divers. Soixantes-cinq pièces extraites
des *Albums.*

20. — Croquis — Costumes militaires — Sujets divers
— Le Jeu. Trente-quatre pièces.

Boilly (L.)

21. — A la santé du roi ! Lith. in-fol. Deux belles
épreuves dont une d'un 2ᵉ état, avec la légende ainsi modifiée : *A la Santé de la garde
nationale.*
22. — Le Bon ménage, 1830. In-fol. Très belle
épreuve.

Boilly (L. et J.)

23. — Sujets de genre — Portraits. Vingt-neuf pièces.

Bonington (R. P.)

24. — Rue du gros Horloge, à Rouen. Très belle
épreuve sur chine.
25. — Tour du gros Horloge à Evreux. Très belle
épreuve sur chine.

Bonington — Roqueplan

26. — Vues et Paysages — Scènes de genre. Douze
pièces.

Boulanger (L.) — Colin (A.)

27. — Sujets divers — Portraits. Vingt-cinq pièces
Belles épreuves.

Brascassat (Raymond)

28. — *Etudes d'Animaux et de Paysage dessinées
d'après nature*, Paris *Rittner et Goupil*, 1831.
Suite complète de six pièces. Très belles
épreuves dans la *couv. de publication.*

Caricatures

29. — Caricatures politiques. Vingt-six pièces extraites
de *La Caricature*, épreuves coloriées.
30. — Caricatures politiques. Quatre-vingt-dix-huit
pièces extraites de *La Caricature.*

Charlet (N. T.)

31. — Le Français après la victoire (La C. 43 RR). Belle épreuve.

32. — La mort du Cuirassier (La C. 44 RR). Bonne épreuve.

33. — Le Soldat Français (74 RR). Belle épreuve.

34. — L'Hospitalité (La C. 33 R) — Que dit-on ? (58) Appel du contingent communal (90 RR) — Les pénibles adieux (92 R) — Doucement la mère Michel (101). Cinq pièces. Belles épreuves.

35. — Je suis innocent ! dit le Conscrit (La C. 291). In-fol. Très belle épreuve.

36. — L'Aveugle (La C. 501). Deux épreuves dont une du 1er état, fort rare, avec les vers : *Henry Simon...*, etc.

37. — Vous croisez la bayonnette sur les vieux amis ! (278) — Le Soleil luit pour tout le monde (290) — L'Insubordination (303) — Elle a le cœur français... ! l'ancienne ! (304). Quatre pièces. Belles épreuves.

38. — Papa Dada ! — Papa Nanan !... (296-297). — Au Commandement de halte ! — Au Commandement de pas d'observations ! (309-310) — Le Gamin eminement et profondément national (332). Cinq pièces, belles épreuves, deux sur chine.

39. — Croquis à l'usage des enfants, 1826 (La C. 641-657). Suite complète de un frontispice et treize pièces. Belles épreuves.

40. — Albums : 1822 à 1827. Soixante-cinq pièces.

41. — Albums : 1828 à 1832. Cinquante-neuf pièces.

42. — Costumes militaires — Sujets divers. Quinze pièces.

43. — Sujets divers. Trente pièces.

Cham et Daumier

44. — Scènes de mœurs. Treize pièces, la plupart coloriées.

Costumes

45. — Costumes normands et bretons, par Charpen-
tier — Costumes Niçois, par A. de Lattre —
Costumes bretons, par H. Lalaisse. Quarante-
deux pièces. Très belles épreuves.

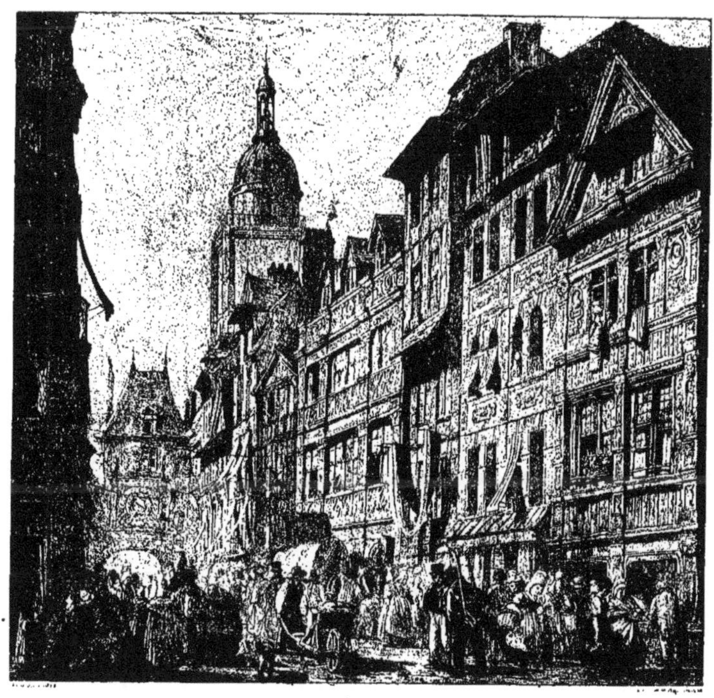

Nº 24 du Catalogue.

Dantan

46. — *Museum Dantanorama*, 1ʳᵉ Livraison. Suite
complète de six planches dans la *couv. de
publication*.

Daumier (Honoré)

47. — Physionomies tragiques. Suite complète de dix
pièces. Belles épreuves.
48. — Portraits-charges — Caricatures politiques.
Vingt-quatre pièces extraites de *La Caricature*. Belles épreuves.

David (Jules)

49. — *Choix d'Intérieurs*, Paris, *Chaillou-Potrelle*,
s. d. Suite complète de vingt-quatre pièces
renfermées en 4 cahiers, couv. de publication illustrées. Très belles épreuves.

Decamps (A. G.)

50. — Sujets de chasse — Croquis divers — Scènes
de genre — Sujets orientaux. Vingt-six
pièces.

Delacroix (Eugène)

51. — Le Nègre à cheval — Médailles antiques, 1er
état — Macbeth et les Sorcières — Margue-
rite à l'église. Quatre pièces. Belles épreuves.
52. — Faust, 19 pl. (réimpression Goyer et Hermet)
Noce juive — La Liberté — Delacroix, par
Letoula. Ensemble vingt-une pièces.

Delaporte (M.)

53. — Orléans (Ferdinand duc d'), 1830. In-fol. Très
belle épreuve.

De Non (D. V.)

54. — Une Famille, 1817. In-fol. Rare.

Devely

55. — *Les principaux objets de Desserts, mis en
scènes*, Paris, *Engelmann*, s. d. Suite complète
de 1 frontispice et six planches, en cahier.
Belles épreuves. Rares.

Devéria (Achille)

56. — Eckerlin (Mme) (H. B. 18). Belle épreuve.
57. — Léon Noël (30). Très belle épreuve sur chine.
58. — Roqueplan (Camille), 1829 (32). Très belle épreuve.
59. — Longchamp — Le Galop — Les Etrennes — Retour de la Chasse — Vendange. Cinq lith. in-fol. Très belles épreuves, coloriées.
60. — Mon joujou — Le Berceau — L'Entorse — La Toilette — Le Lever — Le Coucher — Souvenirs d'enfance — Le Rideau est levé... Huit pièces. Belles épreuves.
61. — Lecture de la sentence de Marie Stuart, d'après Eugène Devéria. Grand in-fol. Belle épreuve *avant la lettre*. Rare.
62. — Contes de La Fontaine — Sujets divers. Vingt-deux pièces.
63. — Sujets divers. Soixante-deux pièces.

Divers

64. — *Réunion des Amis de Rome, Lemaire*. Curieux album renfermant vingt essais lithographiques des pensionnaires de Rome en 1830, tels que : Calamatta (gravure), Coutant, Rémond, Picot, Thomas, Schnetz, etc. Exempl. cart., de publication.
65. — Macédoines. Douze pièces par Bouchot, Menut, Forest, etc. Belles épreuves.
66. — Nouveau recueil de Vues d'Italie et de Suisse, d'après Michallon, couverture et 8 pl. — Scènes de genre, par G. de Galard, 5 pl. — Sujets gracieux, par Ch. Chaplin, 5 pl. Ensemble dix-huit pièces. Belles épreuves.
67. — Sujets divers. Vingt-sept pièces par Hermann-Paul, Ogé, Chéret, Hedbrinck, etc. Belles épreuves.
68. — Costumes militaires, par Fournier — Sujets de genre, par Ch. Aubry et Le Blanc — Vues de France et d'Espagne, par Bacler d'Albe — Ensemble trente-deux pièces.
69. — Sujets gracieux. Trente-cinq pièces par Tassaert, Numa, Maurin, etc. Belles épreuves.

70. — Marines — Scènes champêtres — Paysages. Quarante-trois pièces par Gudin, de Tournemine et autres.

71. — Sujets religieux—Scènes de genre—Paysages, etc. Quarante-trois pièces par Johannot, Calame, Lasalle, etc. Belles épreuves.

72. — Portraits de Femmes — Têtes de Fantaisie. Cinquante-deux pièces.

73. — Sujets divers—Portraits d'acteurs et d'actrices, etc. Cinquante-cinq pièces par Vigneron, Lacauchie, Francis Conscience, etc.

74. — Sujets de genre — Paysages — Vues, etc. Soixante-cinq pièces. Belles épreuves.

75. — Sujets divers — Titres de Romances. Soixante-huit pièces.

76. — Sujets divers — Paysages — Allégories, etc. Soixante-neuf pièces par divers artistes.

77. — Sujets de genre. Soixante-dix-sept pièces par divers artistes. Belles épreuves.

78. — Sujets divers — Paysages. Quatre-vingt pièces par divers artistes.

79. — Sujets gracieux — Scènes militaires — Scènes de genre. Quatre-vingt pièces, un certain nombre coloriées.

80. — Sujets divers — Paysages. Quatre-vingt-cinq pièces par divers artistes.

81. — Sujets divers — Portraits — Scènes d'histoire, etc. Cent-dix pièces.

Doré (Gustave)

82. — Le Christ bafoué — Le Calvaire — Escalier de l'Opéra à la mi-carême — Bal de la mi-carême — La Glissade. Cinq lithographies rares. Très belles épreuves.

83. — *L'Album de Gustave Doré*, pl. 1 à 5, et 10 et 11, soit sept pièces. Epreuves sur chine.

Fantin (H.)

84. — L'Etoile du Soir, 1re planche (G. Hédiard 16). Très belle épreuve sur chine avec *dédicace*. Rare.

85. — Baigneuse, de dos (27). Très belle et très rare épreuve du 1er état, avec *dédicace*.

Félon (Joseph)

86. — Portraits — Sujets gracieux. Seize pièces, plusieurs avec *dédicace*. Belles épreuves.

Fragonard (Théophile)

87. — Sujets divers — Scènes de Théâtre. Trente-six lith. Belles épreuves.

G***

88. — *Collection de Chiens de chasse, dessinés d'après nature, par G***, Chasseur*, Paris, Langlumé, s. d. Suite de vingt pièces (manque la pl. 18), dans la *couv. de publication*.

Gavarni

89. — La Croix de Jésus. Belle épreuve sur chine, avec les *seins découverts*.
90. — Masques et Visages — Sujets divers. Trente-deux pièces.
91. — Types divers. Vingt-deux pièces par Rouargue et Ch. Colin. Belles épreuves.

Géricault (J. L. Th.)

92. — Retour de Russie (Ch. Cl. 12). Belle épreuve du 1er état, imp. à deux teintes (sans marge sur 3 côtés).
93. — Grands et petits Chevaux — Lion dévorant un cheval — Marche dans le Désert, etc. Trente-quatre pièces.

Gigoux - Cél. Nanteuil

94. — La mort du Prolétaire — Sujets divers. Douze pièces.

Grévedon (Henri)

95. — Ida St-Elme, 1828. In-fol. Très belle épreuve avec la signature *manuscrite* du personnage.
96. — Tête de jeune Femme. Lith. in-fol. Belle et très rare épreuve *avant toutes lettres*.
97. — Mlle Mars, 1825 — Mme Caradori, 1831. Deux pièces in-fol. Très belles épreuves, la 1re sur chine.

98. — Portraits divers — Têtes de Fantaisie — Scènes de genre. Vingt-quatre pièces in-4° et in-fol. Belles épreuves.

Groux (Henry de)

99. — Le Vaincu — L'Enthousiasme du Carnage — La Vigne abandonnée — La Lisière des bois Un Déménagement — Eloi, éloi... — Quand les bourgeois dorment... Huit pièces. Très belles épreuves sur japon ou chine, signées.

Gudin (Th.)

100. — Marines. Six pièces in-fol. Belles épreuves sur chine.

Heidbrinck (O.)

101. — Croquis lithographiques, suite de sept planches avec couverture illustrée — Titres de romances — Scènes de mœurs, 7 pl. Ensemble quatorze pièces. Belles épreuves.

Hermann-Paul — Valtat

102. — Les grands spectacles de la nature : La Vie de Monsieur quelconque — La Vie de Madame quelconque — Album de sujets variés. Trois albums renfermant trente-deux pièces. Très belles épreuves.

Hervier (Adolphe)

103. — Sujets variés. Six pièces. Belles épreuves.

Ibels, De Feure, Steinlen

104. — Allégories — Titres de Romances. Vingt-quatre pièces *avant la lettre*, signées ou numérotées.

Ingres

105. — Odalisque, 1825 (H. B. 4). Très belle épreuve.
106. — Les quatre Magistrats de Besançon (H. B. 5). Belle épreuve.

Isabey (J. B.)

107. — Escalier de la Gde Tour, château d'Harcourt (G. H. 32). Très belle épreuve sur chine.

108. — Dubois (A.), d'après Gérard (G. H. 69) — E. Parny (75) — F. Thomas (76) — Le prince Eugène (77). Quatre pièces. Belles épreuves.

109. — La Dame voilée et les petits enfants Ruines de l'Abbaye de St Wandrille — Caveaux de l'Eglise de Notre-Dame (Eu) — Chambre de Henri IV au château de Mesnières — Vues d'Italie. Onze pièces. Très belles épreuves.

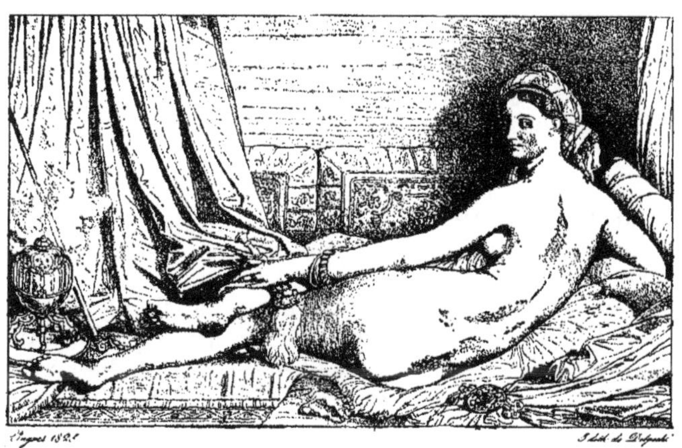

Nº 105 du Catalogue.

Langlacé

110. — *Vue du Parc de St Cloud et de la côte de belle Vue près Paris — Vue de l'Entrée du parc de St Cloud à Ville d'Avrai.* Deux lith. rares. Très belles épreuves.

Lawrence (d'après Sir Th.)

111. — Master Lambton, par Huber. Ovale in-4. Belle épreuve imp. en couleurs, d'une des premières applications de la chromolithographie.

Lautrec et Ibels

112. — *Le Café Concert*, texte de G. Montorgueil, 21 pl. Bel exempl.

Lecomte (Hippolyte)

113. — Visites du jour de l'an. In-fol. Très belle épreuve. Rare.
114. — *Intérieur de l'Ecole d'Enseignement Mutuel située rue du Port-Mahon, au moment de l'Exercice d'Ecriture*, 1818. In-fol. Belle épreuve. Rare.
115. — *Scènes champêtres*. PARIS, *Delpech*, s. d. Suite complète de quinze pièces dans la *couv. de publication*. Très belles épreuves.
116. — Blessés étrangers secourus par des Militaires Français, 1820 — La pièce en batterie, 1817 — Sujets divers — Costumes. Vingt-quatre pièces. Belles épreuves.

Lemud (Aimé de)

117. — Maître Wolfram — Hélène Adelsfreit. Deux pièces in-fol., faisant pendants. Belles épreuves sur chine.
118. — Les Maraudeurs — Mathieu Lansberg — Le Prisonnier — La Bourse — Jeune fille brodant une écharpe — Légende des frères Van Eyck. Huit pièces. Très belles épreuves.

Lepoittevin (Eugène)

119. — Diableries. Suite de douze pièces (manque les pl. 1 et 4), soit dix planches. Belles épreuves.
120. — Petits sujets de Diableries — Croquis divers — Scènes de genre — Marines. Dix-huit pièces.

Lithographies diverses

121. — Imprimerie Lemercier, par Villemin et V. Adam — Chevaux en liberté, par Z. Gengembre — Le Maréchal ferrant — Scène du passage du Mt St Bernard, par C. Vernet — Le Colin-Maillard, par Marin-Lavigne, d'ap. Giraud — Le Déjeuner, par Schultz, d'ap. Garaud. Six pièces in-fol. Belles épreuves.

122. — Bergère tricotant, par E. Vernier, d'ap. Millet
— La Vérité, par A. Gilbert, d'ap. Baudry
— La mort de Sforce ? par Mouilleron. Trois
pièces in-fol. Belles épreuves *avant toutes
lettres*.

123. — L'Aumonier du Régiment — Le Concert — Sur
un Roeher !... — Allégorie sur la Religion
— Les deux Amants — Le Vésuve — Le Bon
Camarade — La Danse de l'ours. Neuf piè-
ces par Marlet. Roehn, Arago, Picot, etc.
Belles épreuves.

124. — Sujets divers et Portraits. Quatorze pièces par
L. Courtin, Daguerre, Hennequin, Bordier,
Bosio et anonymes, plusieurs *avant la lettre*
en épreuves ·d'essai.

125. — Sujets divers — Paysages. Trente-cinq pièces
par P. N. Guérin, Béranger, Beaume, Cou-
pin de la Couperie, Demarne. Belles épreuves.

Madou (J. B.)

126. — Scènes de genre. Seize pièces. Belles épreuves.

Manet (Edouard)

127. — Le Gamin. Très belle épreuve sur chine.

Marlet

128. — *Anthousiasme des Français pour Henri IV
lors de la translation de sa Statue au Pont
Neuf le 14 Aoust 1818.* In-fol. Belle épreuve.

129. — *Ecole d'Enseignement mutuel à Metz; des En-
fans de 10 à 11 ans apprenant à lire à 40
vieux Soldats.* Lith. in-fol. Très belle
épreuve. Rare.

130. — Le Lutrin de village. In-fol. Belle épreuve.

131. — La Vivandière, Soldats voilà Catin. In-fol. Très
belle épreuve.

132. — Prisonniers Russes et Autrichiens en France —
Bienfaisance des Français envers les Prisonniers Espagnols — Les Marionnettes. Trois
pièces in-fol. Belles épreuves.

133. — Tableaux de Paris, 13 pl. — Le Bon génie, Scènes enfantines — Vive Henry quatre — Charmante Gabrielle, etc. Vingt-cinq pièces.

Maurin (N.)

134. — *Une Vie de Lingère*, Paris, *Bulla*, s. d. Suite complète de six pièces dans la *couv. de publication.*

Maurin, Belliard, Numa

135. — Sujets gracieux — Portraits. Quarante-huit pièces. Belles épreuves.

Michallon, de Jolimont, Vauzelle

136-137. — Vues et Paysages. Quarante-huit pièces exécutées de 1816 à 1820 par Michallon, de Jolimont, C. Bourgeois, Vauzelle, Thiénon, Mongin. Belles épreuves. Deux lots.

Monnier (Henry)

138. — L'Economie du Fiacre — Un Propriétaire — Le Foyer d'Artistes. Quatre pièces.

Nanteuil (Célestin)

139. — Les premières roses — Les Roses d'automne. Deux pièces in-fol. par Ch. Chaplin, faisant pendants. Très belles épreuves.

Napoléon Ier (Estampes relatives à)

140. — Batailles et Scènes historiques. Cent cinquante pièces in-fol. par divers artistes, pour l'*Histoire de Napoléon*, par Arnault (plusieurs doubles). Très belles épreuves, quelques-unes *avant la lettre*.

Noël (Léon)

141. — *Album lithographique, douze sujets d'après Decaisne* — Paris, *Noël aîné et fils*, 1829. Suite complète. Très belles épreuves sur chine dans la *couv. de publication.*

142. — Portraits — Scènes de genre. Sept pièces. Belles épreuves.

143. — Sujets divers — Portraits. Seize pièces. Belles épreuves.

Numa, Hyacinthe, De Montaut, Regnier

144. — Les Femmes de Paris — Sujets gracieux — Paris au bal. Trente-huit pièces. Belles épreuves.

Philipon, Bouchot, Traviès, Pruche

145. — Caricatures de mœurs — Titre de romances — Caricatures sur les Modes. Trente-neuf pièces. Belles épreuves, plusieurs coloriées.

Pièces historiques

146. — Apothéose de Napoléon Ier. In-fol. Belles épreuves *avant toute lettre.*

147. — La Vision Maternelle — Berri (Dsse de), par Zwinger, 1824 — Le Frère et la Sœur en Ecosse — L'Espérance le conduit... (Duc de Bordeaux) — Le jeu de bascule, dédié aux Royalistes. Six pièces. Belles épreuves.

148. — Charles X à Trinqueux, par V. Adam — Apothéose de Louis-Philippe et des Vainqueurs de Juillet — Expulsion de Manuel — Scènes de la Révolution de 1848, etc. Neuf pièces, plusieurs rares.

Pigal (Edme-Jean)

149. — Proverbes et Maximes — Scènes de Société — Caricatures diverses — Scènes populaires. Vingt-quatre pièces, une avant la lettre.

P. L.

150. — *Monument élevé dans le Cimetière de l'Est à la mémoire du M^{al} Masséna.* (Mery Vincent, Arch^{te}) 1819. Petit in-fol. Rare.

Portraits

151-152. — Portraits divers. Soixante-cinq pièces par divers artistes. Deux lots.

Prud'hon (P. P.)

153. — Une lecture (E. de G. 7). Très belle épreuve
sur chine avec le nom de Ch. Motte.

154. — L'Enfant au chien (le fils de Gouvion St Cyr)
(8). Belle épreuve du 2ᵉ état, sur chine.

155. — Prud'hon, par J. Boilly — Mme Anthony et ses
Enfants, par Sirouy, épr. d'artiste — L'Egra-
tignure — La Caresse, par J. Boilly — Jo-
seph et Putiphar, par E. L. Roux. Cinq
pièces. Belles épreuves.

Raffet (A.)

156. — Portraits de Raffet, par Aug. Bry et M. D. (M.
Delaporte ?) — L'ivrogne, eau-forte (H. G.
11). Trois pièces. Belles épreuves, deux sur
chine.

157. — S. A. R. Mgr le duc d'Aumale (H. G 8). Très
belle épreuve.

158. — Combat d'Oued-Alleg (H. G. 82). Très belle
épreuve du 2ᵉ tirage, sur chine.

159. — Le Drapeau du 17ᵉ Léger (83). Très belle épreuve
sur chine.

160. — Le Réveil, 1848 (H. G. 85). Belle épreuve du 1ᵉʳ
tirage, sur chine.

161. — La même estampe. Belle épreuve du 2ᵉ tirage,
sur chine.

162. — **1813** — Italie, 1796 (365 et 410). Deux pièces.
Belles épreuves.

163. — L'Œil du maître (372). Très belle épreuve.

164. — Prise du fort Mulgrave (378). Très belle épreuve.

165. — La Pensée (381). Très belle épreuve.

166. — Il est défendu de fumer... (385) — L'ennemi ne
se doute pas que nous sommes là (411). Deux
pièces. Belles épreuves.

167. — La dernière charette, 9 Thermidor (393). Très
belle épreuve.

168. — Ordre du Jour (398) — Le Représentant a dit...
(401) — De quoi vous plaignez-vous ? (407).
Trois pièces. Très belles épreuves.

169. — La Revue nocturne (429). Très belle épreuve
du 1ᵉʳ tirage, sur chine.

170. — La même estampe. Belle épreuve du 2ᵉ tirage,
sur chine.

N° 169 du Catalogue

171. — Je le sauverai... (45 R.) — Nous avons la victoire ! (46 R.) — Tu as de l'honneur, (50 R
R R) — Je veux tuer un des soldats de Poli-
gnac ! (76) — Croquis, 8 pl. Douze pièces.
Belles épreuves.

172. — Revue du 29 août 1830 (78) — Place du Pan-
théon (339) — La Main ? Voltigeur (386)
— Abordez l'ennemi franchement... (396) —
Le Guide (428). Cinq pièces. Belles épreuves.

173. — L'Amour conjugal (326) — A mort pour la liberté (350) — C'est un Polonais (361) — Plus
de Patrie (382) — Bonaparte Armée d'Egypte
(400) — La Consigne (406) — Campagne de
Saxe — Portugal. Huit pièces, deux par
Lanta. Belles épreuves.

174. — Mon Empereur c'est la plus cuite (359) — Vive
l'Empereur !! (389) — L'Homme du peuple
(412) — Bautzen (423). Quatre pièces. Belles
épreuves.

175. — Cinq Mai ! (780) — Le Défilé nocturne (781) —
Le Cri de Waterloo (782). Trois pièces. Très
belles épreuves sur chine.

176. — Combat d'Oued-Alleg (épr. remmargée) — Re-
traite de Constantine, pl. 1 et 6 — Catalans
sur la Rambla. Quatre pièces.

177. — Albums : 1830 (3 pl.) — 1831 (4 pl.) — 1832 (8
pl.) — 1833 (6 pl.) Vingt-et-une pièces.

178. — Albums : 1834 (4 pl.) — 1835 (6 pl.) — 1836 (4
pl.) — 1837 (5 pl.) Dix-neuf pièces.

179. — Expédition et siège de Rome (557-593). Suite
de trente-six planches incomplète des n°s 16
et 36. Soit trente-quatre pièces. Epreuves sur
chine à toutes marges.

180. — Voyage dans la Russie méridionale et la Cri-
mée. Quinze pièces.

181. — Sujets divers. Dix-neuf pièces.

182. — Le Rêve (84). Belle épreuve sur chine.

Rambert (J.)

183. — Allégories. Treize pièces. Belles épreuves.

Robert (Léopold)

184. — Sujets divers. Six pièces. Belles épreuves.

Scheffer (Ary)

185. — Morton — Le vieux Pâtre — Le Jeune Malade — Si jeune — La Déclaration — La Convalescence d'une mère. Dix pièces. Belles épreuves.

Scheffer (J.)

186. — Scènes de genre — Grisettiana, etc. Quatorze pièces.

Singry

187. — Quatre portraits d'hommes sur la même planche (vers 1817). Très belle épreuve. Rare.

Thomas (A. J. B.)

188. — Le Romantisme, effet produit par les lectures romantiques, poème en six chants 1829. Suite de six pièces. Belles épreuves.

189. — Un an à Rome. Quarante-deux pièces (sur 72), y compris plusieurs doubles.

Thomas-Swebach-Garnerey

190. — Scènes de genre — Voitures — Macédoines. Trente pièces.

Vallotton (F.)

191. — Paris intense. Suite de six pièces dans la *couv. de publication*. Très belles épreuves numérotées et parafées.

Vallou de Villeneuve

192. — Sujets gracieux. Vingt-quatre pièces. Belles épreuves.

Vernet (Carle)

193-194. — Costume Militaires — Chevaux. Quarante-
cinq pièces, plusieurs imp., chez Lasteyrie.
Deux lots.

195. — Premier Janvier 1821 — Chevaux — Contes et
Fables de La Fontaine — Sujets divers. Cinquante pièces.

Vernet (Horace)

196. — Le Lancier, 1816 — Le Grenadier manchot, 1817
— Carle Vernet, en pied, 1817 — Sujets divers, 1817-1820. Dix-sept pièces.

197. — Scènes militaires — Sujets divers. Onze pièces
avant la lettre. Belles épreuves.

198. — La Henriade — Fables de La Fontaine — Sujets
divers. Cinquante pièces. Belles épreuves.

Viennot (E.)

199. — Tête de Femme, 1ᵉʳ *essai Chromolithographi-
que de M. Engelmann*. Belle épreuve, très
rare.

Vues

200. — Vues de Paris. Vingt-neuf pièces, plusieurs cu-
rieuses.

201. — Vues de France. Cinquante-huit pièces, la plupart extraites des *Voyages romantiques*, du
Bᵒⁿ Taylor. Belles épreuves.

202. — Vues de Rouen et de la Normandie. Quatre-
vingt-dix pièces, la plupart extraites des *Voyages romantiques*. du Bᵒⁿ Taylor. Belles
épreuves.

Wattier (Em. et Ed.)

203. — Sujets divers — Macédoines. Sept pièces, deux
rares en *épreuves d'essai*.

Willette-Wagner-Bourget-Dumont

204. — Allégories — Scènes de mœurs. Vingt pièces.
Belles épreuves, la plupart signées.

Ziégler (Jules) ?

205. — *C'est bien entendu, Messieurs ?. à huit mille
francs l'Esquisse !* Belle épreuve. Rare.

Zwinger

206. — Allégories sur l'Amour et l'Amitié. Suite de
douze lith. de forme ronde, d'ap. Th. Frago-
nard. Très belles épreuves.

207. — Sous ce n° il sera vendu par lots, environ mille
lithographies, sujets divers, vues, portraits,
caricatures, etc.

IMPRIMERIE FRAZIER-SOYE

153, rue Montmartre

PARIS

LOYS DELTEIL
Artiste-Graveur
22, RUE DES BONS-ENFANTS
Direction de Ventes Publiques
Estampes - Dessins
Tableaux
EXPERTISES

Vente du 11 novent 1903

M Alfred Beudeley

Nos non achetés

Nº 11 - vendu 4f 50   (je ne devais pas dépasser 3f).
14 - vendu 10f 00.
(2p.)

Nº 12 .... 5. 00.
13 (7p.) - 7. 00.
17 (2p.) 9. 00.
52 ...... 5. 00.
58 - 18. 00.
42 (4p.) 16. 00.
60 (1p.) 5. 00.
62 (2p.) - 3. 00.
63 - 15. 00.
68 (2p.) 11. 00.

75 - 76 (16p.) 22p - 24. 00.

82 - 10. 00.
86 (5p.) 5. 00.
n.c. 64p - 8. 00.

87 - 10. 00.

182 (4p.) .....
185 (2p.) - 2. 00
187 - 11. 00
190 - 10. 00
192 (14p.) - 12. 00

201 - 14. 00
202 (23p.) 5. 00
206 - 3. 00

LOYS DELTEIL
Artiste-Graveur
22, RUE DES BONS-ENFANTS
Direction de Ventes Publiques
Estampes - Dessins
Tableaux
EXPERTISES

Renard

188

Ron...
68
145
8
157

64 R...

Gigoux

PR

2

LOYS DELTEIL
Artiste-Graveur
22, RUE DES BONS-ENFANTS
Direction de Ventes Publiques
Estampes – Dessins
Tableaux
EXPERTISES

Vente 11 nov. 4o3

M Alf Bewley

Nᵒˢ 94 (1p.) ~~Gigoux~~ Vles reproductions 8 . oo .
18 (3p) Gravedon _ 20 . oo .
109 (1p.) Isabey dt Wandrille 2 . oo
113 H Lecomte jour en l'au 5 . oo
110 Langlace ____ 11 . oo
141 L Noel album _ 5 . oo
124-12? (21p) Car _ 29 . oo .
149 (10p) Regal . 4 . oo
71 (14p) (Eventail) _ 18 . oo
77 78 (4p) . _ 29 . oo .
79 80 (12p) __ 15 . oo .
136 (10p) . __ ____ 5 . 5o
69 (2p.) __ ___ 9 . oo .

9 782329 518480